Bibliografische Information der Deutschen Nationalbibliothek:

Die Deutsche Bibliothek verzeichnet diese Publikation in der Deutschen National-
bibliografie; detaillierte bibliografische Daten sind im Internet über http://dnb.d-
nb.de/ abrufbar.

Impressum:

Copyright © 2010 GRIN Verlag, Open Publishing GmbH
Druck und Bindung: Books on Demand GmbH, Norderstedt Germany
ISBN: 9783668325128

Dieses Buch bei GRIN:

http://www.grin.com/de/e-book/202208/indien-gestern-und-heute-die-kulturellen-
einflussfaktoren-und-probleme

Fabian Sohns

Indien gestern und heute. Die kulturellen Einflussfaktoren und Probleme

GRIN Verlag

Leuphana Universität Lüneburg

Kultursoziologie

Wintersemester 09/10

Abgabedatum: 31.03.2010

Indien

Fabian Sohns

Bachelor of Science

Empirische Wirtschaft- und Sozialwissenschaften

7. Semester

Inhaltsverzeichnis

1 Einleitung

„Was gut ist für Indien, ist auch gut für die Welt"

Die Worte des indischen Premierministers Manmohan Singh – kurz vor dem Staatbesuch von Bundeskanzlerin Angela Merkel – bringen den gewachsenen Stellenwert Indiens im globalen Kontext auf den Punkt, zeigen aber auch das neue Selbstbewusstsein dieses Landes als zweite asiatische Super- bzw. Wirtschaftsmacht, welche die zukünftige Entwicklung der Welt signifikant mitbestimmen und die Gleichgewichte verschieben wird (vgl. Piepenbrink, 2008, S.2). Wir verbinden mit Indien heute Bollywood und IT-Fachkräfte. Lange Zeit war das nach China bevölkerungsreichste Land der Erde ein Synonym für unbeschreibliches Elend, okkulte Sekten, Schlangenbeschwörer, Fakire, Kinderarbeit und des Kastensystems. Es schien, als ob das Land in politischer, sozialer und wirtschaftlicher Stagnation gefangen sei (vgl. Müller, 2006, S. 1). Doch mit der Einführung der sozialen Marktwirtschaft zu Beginn der 1990er Jahre, begann der Modernisierungsprozess, der zu einem unvergleichbaren Wirtschaftsboom geführt hat (vgl. Woyke, 2008, S. 5). Dieser Aufschwung, mit einer überdurchschnittlichen Wachstumsrate von über acht Prozent (innerhalb der letzten vier Jahre) bringt auch seine Schattenseiten mit. Von dem Boom profitieren nämlich nur die wenigsten Inder, drei Viertel der Bevölkerung leben in Armut. Zudem steigt mit dem wirtschaftlichen Wachstum auch der Bedarf an Energie und damit der Ausstoß von Treibhausgasen, was Indien in den nächsten zehn Jahren zu einem der größten Umweltverschmutzer der Welt machen wird. Damit werden sie den Klimawandel bedeutend vorantreiben und zudem noch viel stärker davon betroffen sein als die westlichen Industriemächte (vgl. Piepenbrink, 2008, S.2).

Aber auch die starke Fragmentierung des Landes führt zu innenpolitischen Schwierigkeiten. Die religiösen Unterschiede im Land, z.B. zwischen Hindus und Buddhisten, der Kaschmirkonflikt, die sprachliche Vielfältigkeit, die hierarchische Abspaltung in soziale Gruppen und die massiven wirtschaftlichen Gegensätze machen Indien zu einem interessanten Subkontinent voller Wiedersprüche. Die Geschichte hat Indien ausschlaggebend durch die lange Zeit der Kolonialherrschaften geprägt. Um also Indien als Ganzes – seine gesellschaftlichen Strukturen, seine wirtschaftliche Entwicklung und heutig Situation – zu fassen, ist es von großer Wichtigkeit seine Geschichte zu kennen. Deswegen liegt der Schwerpunkt dieser Arbeit auf der Historie. Mit diesem Vorwissen, lassen sich alle anderen Bereich besser erschließen und verstehen.

Im ersten Abschnitt dieser Hausarbeit werde ich zunächst einen detaillierten historischen Überblick vermitteln. Im dritten Kapitel werden die kulturellen Faktoren und Probleme erläutert. Es wird auf das Kastensystem eingegangen, die Kaschmirproblematik und die Armut in Indien eingegangen. Im vierten Abschnitt wird die wirtschaftliche Entwicklung chronologisch vorgestellt und ein Ausblick über zukünftige gegeben.

2. Historischer Überblick

Um dieses schöne, vielfältige Land mit seiner gemischten, teilweise gespaltenen Gesellschaft, aber auch religiöse, aktuelle und politische Zusammenhänge zu verstehen, ist es von größter Bedeutung seine Geschichte zu kennen. Indien war immer stark zergliedert und von Kolonialherren besetzt, nicht wie China, welches schon sehr früh eine zentrale zusammenhängende (Welt) Macht war. Dieser Umstand machte es vielen Eroberern und Besetzern Indiens wesentlich leicht Fuß zu fassen.

2.1 Von der Antike bis zum Britisch Empire

„Indien ist mit seiner mehrtausendjährigen Geschichte eine der Wiegen der menschlichen Zivilisation (Wamser, 2005, S. 28). " Zusammen mit Ägypten, Mesopotamien und China zählt es zu den vier Hochkulturen der Welt, die schon sehr früh eine sehr hohe Stufe der Zivilisation erreicht haben (vgl. Wamser, 2005, S. 28).

Bereits 5000 v. Chr. wurden Zeugnisse menschlicher Behausungen im Gebiet des heutigen Pakistans gefunden (vgl. Vermeer/ Neumann, 2008, S. 31). Im vierten Jahrhundert vor Christus entwickelte sich eine Ackerbaukultur und erste dauerhafte Siedlungen etablierten sich. Hier, im Indus-Tal entwickelte sich dann langsam eine relativ fortgeschrittene Stadtkultur (Harappa-Kultur), die nach Süden und Westen expandierte und bis etwa 1500 vor Christus überlebte. Sie betrieben ausgiebig Handel und finanzierten sich durch Landwirtschaftliche Erzeugnisse. Der Untergang dieser Kultur begründet sich einerseits durch ökologische und tektonische Veränderungen (Rückgang von Niederschlägen und geologische Verwerfungen) als auch durch den Einfall der zahlenmäßig unterlegenen, militärisch aber weitaus überlegender Indoarier[1] (vgl. Betz, 2007, o.S).

---

[1] Sie nannten sich selbst *arya*, was übersetzt „die Edlen" bedeutet

Durch die Eroberung Nordindiens und der Unterwerfung der Bevölkerung entstand die Vedische Kultur. Auf die Veden sind die klassischen, in indischer Sprache verfassten Hymnen, Legenden und liturgischen Texte zurückzuführen, die den Kernbaustein der hinduistischen Tradition formen.

Die Eroberer drangen nie bis in den weit entfernten Süden vor, so dass auch heute noch starke Unterschiede zwischen den Menschen in den jeweiligen Regionen vorherrschen. Auch verschont blieb der äußerste Osten (heute Bihar und Westbengalen), da dieser Landstrich als „unrein" galt. In dieser Region entwickelten sich später eigene Großreiche und es entstanden die Gegenreligionen Buddhismus und Jainismus (vgl. Vermeer/ Neumann, 2008, S. 32).

Ackerbau, einen pantheistischen religiösen Überbau, Erbkönigtum und ein verhältnismäßiger hoher technischer Standard zeichnete diese neue Hindu-Zivilisation aus. Außerdem wird das Kastenwesen[2] und die hinduistische Vorstellung von pflichtgemäßer Lebensführung mit dieser Zeit bzw. Zivilisation verbunden (vgl. Betz, 2007, i.S.).

Im Osten Indiens entstanden im 5. Jahrhundert v. Chr. zwei bedeutende Strömungen; einmal die des Siddharta Gautama[3], der die vorerst bedeutendste indische Religion, den Buddhismus gründete und andererseits nahm der Jainismus hier seine Anfänge. Buddha wurde im ehemaligen Königreich Magadha, welches sogar im Westen Indiens nur wenig bekannt war, geboren. 326 v. Chr. versuchte Alexander der Große auf seinem Indienfeldzug dieses Reich zu erobern. Doch der Weg von dem heutigen Ost-Afghanistan bis ins heutige Bihar im Osten war auch für die Soldaten von Alexander zu weit. Somit gelang sein Vorhaben nie (vgl. Vermeer/ Neumann, 2008, S. 32).

Das Hindu-Königreich (Magadha), welches einen großen Teil Indiens ausmachte, die Landwirtschaft beherrschte und das Gewerbe effektiv kontrollierte und besteuerte, verfügte über eine große Armee und eine ausgedehnte Beamtenschaft (vgl. Betz, 2007, o.S). Zu den bekanntesten Herrschern dieser Zeit zählte König Ashoka (268-232 v. Chr.), der dem Königreich zu seiner kulturellen Blütezeit verhalf. Das sogenannte Maurya-Reich beherbergte das größte Staatswesen, das Indien je erleben sollte. Nachdem König Ashoka mit großer Brutalität die Macht erzwungen hatte, konvertierte er zum Buddhismus und führte das erste Staatwesen der Welt ein, das buddhistische Prinzipien wie Soziale Wohlfahrt und Gewaltverzicht zur

---

[2] Eine detaillierte Beschreibung der Entstehung und des Wesens des Kastensystems in Kapitel 5.1
[3] Siddharta Gautama erhielt später den Ehrennamen Buddha

Grundlage der Verfassung machte. Nach Ahokas Tod zersplitterte das riesige Reich in kleine, belanglose Staaten.

Erst ab dem dritten nachchristlichen Jahrhundert gewinnt wieder eine nordindische Macht, die Gupta-Dynastie an Einfluss. Unter dieser Herrschaft wurden Buddhismus und Hinduismus weiter gefördert und ausgebaut. Eine diesbezüglich unterstützendes Ereignis war die Erbauung der vermutlich größten Lehrstätte der Antike in Bihar: Nalanda. In ihr studierten etwa zehntausend Studenten aus ganz Asien und es lehrten ca. tausend Lehrkräfte. Man sagt, Nalanda soll neun Millionen Bücher beherbergt haben (vgl. Vermeer/ Neumann, 2008, S. 32).

Mit dem Einbruch der Hunnen, die von 500 bis 527 Nordindien beherrschten, setzte das frühe Mittelalter ein und löste das klassische Altertum grausam ab. Die Hunnenkönige sahen sich nicht als neue Ordnungsmacht. „Sie raubten und zerstörten. Ihre Herrschaft verging so schnell wie sie begonnen hatte" (Rothermund, 1995, S. 83). Das Dilemma wurde durch den Niedergang der Handelsbeziehungen nach Rom noch verstärkt. Das hinterlassene Machtvakuum in Nordindien sorgte dafür, dass sich nun die Staaten Südindiens (die nicht von dem Hunnensturm heimgesucht worden sind) entfalten konnten. Sie reproduzierten das Kulturerbe des Altertums, überboten es sogar an gestalterischer Kraft und Innovationsreichtum (Rothemund, 1995, S. 83). Da nach dem Einfall der Hunnen, keine bedeutenden Eroberer in da Land einfielen, konnten die indischen Herrscher in der Gangesebene ihr Machtkämpfe unter sich austragen (Rothemund, 1995, S. 83). Zu dieser Zeit verlor der Buddhismus an Einfluss - einerseits weil die Unterhaltung von Klöstern zu kostspielig war und andererseits weil viele Klöster von den Hunnen zerstört wurden (vgl. Vermeer/ Neumann, 2008, S. 33). Eine Vielzahl kleinerer Reiche wechselte sich ab, bis am Ende des zehnten Jahrhunderts islamische Turkvölker nach Nordwestindien eindrangen und bis zum dreizehnten Jahrhundert Delhi und die Ganges-Ebene erobert hatten. „Die Sultane von Delhi gründeten ihre Herrschaft auf die Pflichten und Rechte der Sharia und zogen von Nicht-Muslimen Schutzgelder ein. Sie strebten aber nicht die völlige Unterwerfung unter den Islam und die Beseitigung der hinduistischen Sozialordnung an, wenngleich etliche Tempel zerstört wurden" (Betz, 2007, o.S). Das Bestreben der unteren Führer als auch fehlende Regelungen friedlicher Nachfolge und Konflikte mit der beherrschten Gesellschaft führten zum Zusammenbruch des Sultanats und zu einer erneuten politischen Fragmentierung (vgl. Betz, 2007, o.S). Erst die türkisch-persischen Mogulherrscher, Nachfahren der Mongolen, die aus Afghanistan Anfang des sechzehnten Jahrhunderts einfielen, stellten wieder eine herrschende Einheit her. Der Anführer Babur besiegte dank seiner neuen Kriegstechnik (Artillerie) den Sultan von Delhi und begründete das Mogulreich. Das Reich dehnte sich von Afghanistan bis Bengalen und auf den nördlichen Deccan aus und wandelte sich von einem Feudalreich in ein zentralistisch regierten, absolutistischen Staat. Der Enkel Baburs, Akbar versuchte die beiden großen Kulturen und Religionen zu vereinen und einen neuen Herrscherstil für die kommenden Generationen zu etablieren (vgl. Stang, 2002, S. 43). Wunderschöne Bauwerke, wie der Taj Mahal, die Stadt Fatehpur Sikri oder das Rote Fort in Agra entstanden und wurden zum Erben Indiens. Mit Delhi als Hauptstadt hatten die Moguln große Probleme ihren Einfluss zu sichern, wodurch es zu erneuten Einfällen aus dem Nordwersten, Aufstände im Süden und kleinen Staaten mit Rajas oder Maharajas kam – Indien war nämlich kein einheitliches Reich, welches einmal besetzt, nur noch verwaltet werden musste (vgl. Vermeer/ Neumann, 2008, S. 33). Mit Aurangzeb (1658-1707) kam ein Jahrhundert nach Agbar ein Mogul an die Herrschaft, dessen radikale Politik zu einer feindlichen Spaltung zwischen Hindus und Muslimen führte. Er verfolgte einen orthodox-religiösen Kurs, hinderte die Menschen an ihrer Religionsausübung und ließ Hindu-Tempel niederreißen. Durch seine politische Agenda und die steuerliche Ausbeutung der landwirtschaftlichen Bevölkerung kam es zu vermehrten Aufständen, die das Ende dieser Dynastie mit sich brachten (vgl. Betz, 2007, o.S.).

Zum Zusammenbrechen der Dynastie wesentlich beigetragen hat die kriegerische Hindu-Bevölkerung, die Marathen. Sie überfielen auf ihren Feldzügen West-, Zentral- und Nordindien. Jedoch fielen mit dem Aufstieg der Marathen, die Expansion der Afghanen und das Vorrücken der Briten zusammen. 1761 wurden die Marathen von den Afghanen vernichtend in einer großen Schlacht besiegt. Somit löste sich die Vorstellung von einem indischen Reich unter ihrer Vorherrschaft in Luft auf und hinterließ stattdessen ein völlig ruiniertes Indien, welches dann umso leichter von den Briten erobert werden konnte.

2.2 Das Britisch Empire – East-India Company

Wenig bekannt ist, dass nicht die britische Krone Indien im 17. Und 18 Jahrhundert regiert hat, sondern das Land von der East India Company (EIC) kontrolliert wurde. Diese Handelsgesellschaft verfügte über eigene militärische und fortschrittliche Verwaltungsstrukturen. Die Fokussierung auf die Geldvermehrung ihrer Eigentümer, ließ die Entwicklung Indiens schlichtweg erlahmen und wirkt bis heute immer noch nach. „Die Kolonialzeit wird nicht zuletzt wegen dieser 150 Jahre währenden Ausbeutung als Joch im geschichtlichen Bewusstsein empfunden. Indien hat unter diesem Regime gleichermaßen profitiert wie auch stark gelitten" (Vermeer/ Neumann (2008), S. 34).

Die EIC wurde im Jahre 1600 als gewöhnliche Handelsgesellschaft mit Gewinnbeteiligung der Investoren gegründet. Die Königin von England gewährte ihren Kaufleuten zwischen dem Kap der Guten Hoffnung und der Magellanstraße für fünfzehn Jahre Handel zu treiben. Die EIC breitete sich beginnend von der indischen Westküste im Jahr 1612 immer weiter aus. Dreißig Jahre später hatte sie Niederlassungen in Madras und Westbengalen an der Ostküste. Sie gründete Niederlassungen in Surat, Madras, Bombay und Kalkutta und erhielt schließlich auch das Recht eigene Münzen zu prägen und die Militärgerichtsbarkeit in Indien auszuüben (vgl. Vermeer/ Neumann, 2008, S. 34). Ein entscheidender Punkt für die britische Herrschaft in Indien war die Gewinnung der Provinz Bengalen. Durch die wachsende Einflussnahme der East India Company in Bengalen kam es zu Auseinandersetzungen mit dem Mogul-Kaiser in Delhi. 1757 gewannen die Briten die Schlacht von Plassey und hatten damit die Kontrolle über die Steuern dieser reichen Provinz – die Steuern wurden auch eingesetzt um den Süden zu unterwerfen. Die Schlacht bracht aber noch einen anderen entscheidenden Vorteil mit sich: Sie konnten jetzt auch den Weg flussaufwärts entlang der Ganga für sich beanspruchen (vgl. Kulke/ Rothermund in Stang, 2002, S. 52). Die faktische Inbesitznahme weiter Teile Indiens durch die EIC war anfangs von einer grausamen Ausbeutung begleitet, der 1784 mit dem India Act versucht wurde, ein Ende zu setzten – erfolglos. Der Privathandel wurde verboten, finanzielle und kommerzielle Funktionen wurden strikt getrennt, die Agrarsteuer vereinheitlicht und es wurde ein System unabhängiger Gerichte implementiert. Aufgrund der Regulierung des Landbesitzes und dem Einsatz der Grundherren als Steuereintreiber, war die Landwirtschaft einer erheblichen Belastung ausgesetzt und brachte rasch aufeinander folgende Hungersnöte (vgl. Betz, 2007, o.S.).

Die Haupthandelsgüter der East India Company waren Tee, Seide, Gewürze und vor allem Baumwolle. Durch die Vertreibung der französischen Konkurrenz, besaß die EIC das Handelsmonopol. Als der Import der in Großbritannien begehrten feinen bengalischen Baumwolle zu teuer wurde begannen die Briten selber Tücher zu weben und zu spinnen – die industrielle Revolution nahm ihre Anfänge. Aufgrund der hohen Nachfrage entstand ein Arbeitskräftemangel, der durch technisch weiterentwickelte bzw. neu erfundene Maschinen kompensiert werden sollte. Eine Gegenläufige Entwicklung war in Indien zu sehen: ein Überschuss an billigen Arbeitskräften, bedingt durch eine relativ geringe Nachfrage – hier wurden keine Maschinen benötigt. Die Anfangs gut funktionierende Wirtschaft Indiens, die zwischenzeitlich von dem Zustrom der Ausländer profitierte, litt zunehmend unter der gierigen Besatzungsmacht, deren Interesse es nicht war, Indien wirtschaftlich zu entwickeln (vgl. Vermeer/ Neumann, 2008, S. 35). Indien wurde also nur auf den Status eines Rohstoffproduzenten degradiert. Auch die Inder selber wurden als unfähig erklärt, anspruchsvollere Arbeiten zu verrichten.

Die Briten expandierten immer weiter, auch vorangetrieben durch die festgeschriebenen Verträge mit den indischen Fürsten, die besagten, dass beim Tod eines Fürsten ohne Erbfolge seine Territorien an die EIC fielen (vgl. Stang, 2002, S. 52). Somit waren sie de facto Herrscher über große Teile Indiens mit allen Machtbefugnissen, die sie hierfür benötigten. Ihre Machtreichweite erreichte in der Mitte des 18. Jahrhunderts ihren Höhepunkt – sie reichte bis nach Singapur und Hongkong. Mit diesem Machzenit gingen das Aufkommen von vermehrten Aufständen einher. Als Reaktion auf diese Aufstände entzog die britische Krone der EIC langsam die Machkompetenzen und übernahm selber die Kontrolle über das Land (vgl. Vermeer/ Neumann, 2008, S. 35).

Die Bemühungen der Briten Indien zu „zivilisieren" stießen bei der indischen Bevölkerung immer öfter auf Ablehnung. Sie sahen dies Versuche immer häufiger als einen Angriff gegen ihre Sitten und ihre Religion (vgl. Stang 2005, S. 53). Als man sie schließlich zwang Patronenhülsen[4], die mit Tierfett eingerieben waren, zu verwenden, kam es 1857 einem Aufstand (die sog. Sepoy-Rebellion), der sich in rascher Geschwindigkeit über weite Teile des Land verteilte und von den noch herrschenden Moguln unterstützt wurde (vgl. Vermeer/ Neumann, 2008, S. 35). Nachdem der Aufstand mit Hilfe der Sikhs niedergeschlagen wurde, löste sich die Ostindiengesellschaft auf und die britische Krone übernahm die direkte Alleinherrschaft über Indien. Königin Viktoria widmete sich dieser Aufgabe mit einer solchen Ehrenhaftigkeit, so dass sie sich im Jahre 1877 zu Kaiserin von Indien ernannte und sogar Hindi lernte (vgl. Rothermund, 1995, S. 95). Die Politik der Briten veränderte sich jedoch nicht signifikant – Indern wurde z.B. der Zugang zum „Indian Civil Service", den Beamtendienst zum Großteil verweigert. Ihnen wurde das ihnen zustehende Recht durch bürokratische Hürden genommen. Das erzeugte natürlich erneuten Unmut in der indischen Bevölkerung; Außerdem wurde die Ausbeutung der indischen Wirtschaft durch die Briten nun auch von der indischen

---

[4] Die Patronenhülsen mussten vor dem Gebrauch abgebissen werden. Diese Prozedur war für Hindus als auch für Muslime absolut inakzeptabel, da man nicht die Herkunft des Fettes kannte.

Bildungselite wahrgenommen und kritisiert (vgl. Vermeer/ Neumann, 2008, S. 36). 1885 fand in Bombay die erste Sitzung des Nationalkongresses (All-India National Congress) statt, in der die unterschiedlichen Strömungen zusammentrafen. Aber auch hier herrschte kein Konsens – während die Nationalisten die Meinung vertraten, mittels britisch-indischer Gesetze einen unabhängigen Staat zu gründen, waren ihre Gegenspieler darauf erpicht Indien von ihren Besatzungsmächten zu befreien und einen starken Staat zu formen. Man sprach also über die zukünftige Kooperation oder Boykottierung der britischen Krone. Als Reaktion auf die religiös-intendierte Teilung Bengalens, in eine östliche und eine westlich Hälfte[5] kam es zu weiteren schwerwiegenden Protesten. Die Inder boykottierten britische Waren und kauften nur noch im eigenen Land hergestellte Produkte („swadeshi"). Sogar eine Verfassungsreform konnte die anstehenden Konflikte zwischen Angehörigen des Kongresses nicht klären. Die britische Regierung war verunsichert und traf zunehmend falsche oder hilflose Entscheidungen. Als König George V. 1891 nach Indien kam, machte er die unglückliche Teilung Bengalens rückgängig und verlegte die Hauptstadt Kalkutta nach Delhi (vgl. Vermeer/ Neumann, 2008, S. 36). Die Teilung hatte die Gegensätze von Hindus und Muslimen trotz der Revidierung offensichtlich gemacht und verstärkt und es folgten antibritische, teils terroristische Protestwellen. Daraufhin gründetet sich 1906 die All-India Muslim League, die sich für verfassungsgarantierte Sicherheiten und separate Wahlkreise einsetzte – an seiner Spitze stand Mohammed Ali Jinnah (vgl. Stang, 2005, S. 55).

2.3 Ghandi, Teilung und Unabhängigkeit

„Der erste Weltkrieg stimulierte revolutionäre wie auch konstitutionelle Aktivitäten in Indien. Bengalen und der Punjab wurden von einer Welle der politischen Gewalt erfasst, die von den Briten brutal niedergeschlagen wurde" (Betz, 2007, o.S). Zeitgleich versuchten der Kongress und die Muslimliga, die zum ersten mal einen gemeinsamen politischen Konsens fanden, der auf eine weitergehende Verfassungsreform zielte, Indiens Beitrag zum Krieg in politische Konzession umzusetzen (vgl. Betz, 2007, o.S.). 1919 reagierten die Briten mit einigen Zugeständnissen: Inder konnten bis in die höchsten Ministerposten der Zentralregierungen aufsteigen, außerdem erhielten die Provinzen einen größeren Handlungsspielraum und mehr Autonomie. Die meisten Konzessionen und Reformen wurden jedoch als „zu wenig und zu spät" deklariert (vgl. Stang, 2005, S. 55). 1921 folgten weitere Reformen (Montford-

---

[5] Diese Fläche entspricht ziemlich genau dem heutigen Bangladesch

Reformen), Indien bekam eine neue Verfassung und zehn Prozent der männlichen erwachsenen Bevölkerung wurde das Wahlrecht zugesprochen. Fast alle Provinzen erhielten massive finanzielle und gesetzgeberische Kompetenzen. Durch bestellte Wahlen wurde dem zentralen Legislativrat eine zweite Kammer zugeführt. Der unter der Führung Mahatma Gandhi stehende Kongress lehnte diese Reformen als nicht genügend zurück. Mit der Vertretung der indischen Minderheitsinteressen in Südafrika, hatte Gandhi seine ersten politischen Erfahrungen gesammelt. Als er 1914 aus Südafrika zurückkehrte, glückte des ihm 1921 aus dem INC (der bis zu diesem Zeitpunkt nur eine jährlich tagende Versammlung der indischen Bildungsschicht war) eine Massenorganisation zu machen, aus der sich dann die Kongresspartei gründete " (Betz, 2007, o.S.). Gandhi führte oder imitierte immer wieder gewaltfreie Kampagnen zum bürgerlichen Ungehorsam. Als Meilenstein zählt sein organisierter „Salzmarsch"; Zu den ungerechten Maßnahmen, die von den Briten eingeführt worden sind, zählte die Abführung einer Salzsteuer. Zusätzlich war es Indern verboten Salz zu gewinnen geschweige denn auch nur aufzuheben. Da Salz aber zu den lebenswichtigen Lebensmitteln gehört, führte Gandhi, begleitet und umjubelt von Tausenden Anhängern im April 1930 einen legendären Marsch zur Westküste durch. Indem er ein paar Salzkrümel vom Strand auflas, brach er das Salzmonopol der Briten und führte der versammelten Presse (auch internationale) die Absurdität dieses Verbotes vor. Diese symbolischen Taten sorgten nur für kurzfristige Aufmerksamkeit und konnten somit letztlich den Stand der Briten nicht nachhaltig schaden. Ihm kamen jedoch die indischen Bauern, die durch die anbahnende Wirtschaftskrise unverschuldet in Not geraten waren, entgegen und unterstützten ihn. Somit war die britische Regierung gezwungen, mit dem „halbnackten Fakir", wie Churchill ihn nannte, zu verhandeln (vgl. Vermeer/ Neumann, 2008, S. 38). Gandhi wurde jedoch nach seinem triumphierenden Salzmarsch festgenommen und bald darauf wieder freigelassen. Zeitgleich fanden in London Verhandlungen zur konstitutionellen Reform statt, die 1935 in einer neuen Verfassung für Britisch-Indien mündeten. Die Verfassung hat sich dem Prinzip des Föderalismus verschrieben und die Reservierung von Parlamentssitzen für Minderheiten gesichert. Die Frage nach der vollständigen Unabhängigkeit führte zu keinem Konsens. In den 1937 abgehaltenen Provinzwahlen gewann die Kongresspartei in den meisten Provinzen die Mehrheit. Die Muslimliga hingegen konnte nur in einer Provinz die Stimmen für sich gewinnen und wurde in ihren Bestrebungen einer Regierungsbeteiligung von der Kongresspartei zurückgewiesen (vgl. Betz, 2007, o.S.).

Nachdem Ende des zweiten Weltkrieges, in dem die Briten ohne Erlaubnis auch indische Truppen eingesetzt haben, wurde schnell klar, dass die Briten Indien nicht halten konnten. Unter dem Druck der Amerikaner, war die neue Labour-Regierung in England bereit Indien in die Unabhängigkeit zu entlassen. Auch Gandhi nutzte die weltpolitische Lage und verkündete seine „Quit India" Politik. Nach den Wahlen war jedoch klar, das die religiöse Abspaltung zu einem der wichtigsten politischen Faktoren geworden war. Es standen sich die Muslimliga, die von M.A. Jinnah angeführt wurde und die Congress-Partei der Hindus mit Jawaharlal Nehru gegenüber. Jinnah strebte eine Trennung und eine eigene Nation der Muslime an, wohingegen Jawaharlal ein gemeinsames Großindien mit beiden Religion für den richtigen Weg hielt. Anfang 1946 versuchte eine britische Mission die beiden Parteien zu einer Einigung zu drängen, tragischer weise misslang dieses Vorhaben, so dass die Gefahr eines Bürgerkriegs ständig wuchs (vgl. Stang, 2005, S. 56). Es wurde langsam klar, dass eine Teilung unvermeidlich sei, auch durch den Wunsch der Briten gefördert, schnell aus Indien abzuziehen. Im Juni 1947 kündigte der britische Vizekönig, Lord Mounbatten seinen Teilungs- und Unabhängigkeitsplan an: Pakistan und Indien sollten zum 15ten August unabhängig werden und je eine eigene Verfassung entwerfen. Die Fürstenstaaten durften sich für eine jeweilige Zugehörigkeit entscheiden, darunter auch Kaschmir. Für den Punjab und Bengalen wurden Grenzkommssionen eingesetzt. Um weitere Konflikte zu vermeiden, akzeptierten Gandhi und sein engster politischer Vertrauter Jawaharlal den Entschluss der Teilung, obwohl sie strikt dagegen waren (vgl. Betz, 2007, o.S.).

Die Abspaltung in den islamischen Staat Pakistan war ein Desaster für Indien. Insgesamt sind ca. 10 Millionen Menschen zwischen 1947 und 1950 über die neuen Grenzen gewandert – ein Bevölkerungsaustausch, den die Welt zuvor noch nicht gesehen hatte. Politisch geschürter Hass prallte an den religiösen Trennlinien aufeinander, der in den ersten Monaten mehr als eine Millionen Menschen das Leben kostete. Dieser Einschnitt in die Indische Geschichte ist bis heute in vielen Bereichen der Gesellschaft spürbar, vor allem aber in der Politik zwischen der Indischen Union und der Islamischen Republik Pakistan (Mann, Michael, 2007, o.S.). In Kapitel 5.2 wird die Kaschmir-Problematik noch stärker unter die Lupe genommen.

2.4 Indien ab 1949 bis heute

1950 trat die Verfassung der Republik Indien in Kraft, sie basierte im Kern auf dem Government of India Act von 1947 und wurde nur leicht verändert. Die von den Briten eingeführte Verfassungsgesetzgebung wurde nur durch einen Grundrechte-Katalog ergänzt, welche die

Briten nicht in ihren Gesetzen verankert hatten. Schon 1931 brachte der Indian National Congress im Zuge des Freiheitskampfes einen solchen Katalog hervor, in dem soziale Rechte, wie das Recht auf Arbeit etc. enthalten waren (vgl. Rothermund, 2007, o.S.).

Der enge Gefolgsmann Gandhis, Nehru, wurde der erste Ministerpräsident der neu gegründeten Republik. Er war bestrebt Indien aus den großen Blöcken rauszuhalten und plädierte für eine panasiatische Bündnispolitik. Er orientierte sich eher an der Sowjetunion als an den USA, was sich in seiner Wirtschaftspolitik wiederspiegelte. Nehru schlug hier einen Mittelweg zwischen sozialistischen und marktwirtschaftlichen Elementen ein, den er als den dritten Weg propagierte (vgl. Vermeer/ Neumann, 2008, S. 40). Nehru und seinen Anhängern aus der Zeit des Kampfes um die Unabhängigkeit ist es zu verdanken, dass Indien nach innen und außen autonome Politik betreibt und nicht, wie ihr Nachbarstaat Pakistan unter einer Militärdiktatur leidet (vgl. Rothermund, 2005, S. 98). Obwohl Nehru den Föderalismus als Instrument der Erhaltung der Kolonialherrschaft der Briten angesehen hat, behielt er diese Staatsstruktur bei. Politisch und persönlich wird dieser Mann heute noch von den Indern verehrt. „Seine unangefochtene Machtposition kam jedoch in Wanken, als der Grenzkrieg mit China 1962 seine Außenpolitik ab absurdum führte. Er hatte das Amt des Außenministers mit dem des Premierministers verbunden" (vgl. Rothermund, 2007, o.S.). Er hatte China als anti-imperialistische Macht eingestuft und niemals mit einem Angriff gerechnet. Nach dieser kriegerischen Niederlage verlor er das Vertrauen auf seine politischen Prinzipien. Das Schicksal hatte ihn gebrochen und er starb kurz darauf im Mai ´64 (vgl. Rothermund, 2007, o.S.). Zwar ist Nehru die Überführung Indiens in eine selbständige Demokratie zu verdanken, aber gleichzeitig litt und leidet das Land seiner Wirtschaftspolitik, die einen zu starken Einfluss des Landes charakterisierte (Mehr zu der Wirtschaftspolitik Nehrus in Kapitel 4). Nehrus Tochter, Indira Gandhi wurde mangels eines geeigneten Kandidaten seine Nachfolgerin. Durch ihre anfängliche Unsicherheit wurde sie fast wieder gestürzt. Doch dann ergriff die Premierministerin zielstrebend ihre Möglichkeit und säuberte die Reihen ihrer Regierung von unfähigen und unehrlichen Politikern; 1971 gewann sie erneut die Wahlen und führte Bangladesh in die Unabhängigkeit. Durch den Ruhm und die Bekanntheit ihres Vaters konnte sie sogar Notstandgesetze ausrufen und die Demokratie des Landes außer Gefecht setzen. In ihrer Amtszeit plante sie viele Maßnahmen zur Unterstützung der Armen, die aber nie umgesetzt wurden. Diese nutzte ihr Sohn Sanjay um sich zu profilieren. Seine Idee war es, mit Zwangsterilisationen die Überbevölkerung in den Griff zu bekommen. Da dieses Unterfangen bei der indischen Bevölkerung nicht auf Zuspruch stieß, sondern verpönt wurde, musste er sie wieder einstellen. Somit ist sein Anliegen Indira Gandhi zu beerben gescheitert und Indiras ältester Sohn Rajiv wurde zum Kronprinz (vgl. Vermeer/ Neumann, 2008, S. 40). Rajiv hatte den Plan Indien ins 21. Jahrhundert zu führen und verzeichnete zunächst politische Erfolge, bis er 1989 eine Wahlniederlage erlitt. V.P. Singh, ein ehemaliger Minister aus seinem Kabinett, organisierte eine Kampagne gegen Rajiv und konnte für die BJP Bharatiya Janata Party – eine hindunationalistische indische Volkspartei) einige Sitze gewinnen. Während des 1991 stattfindenden Wahlkampfes wurde Rajiv im Mai von einer Anhängerin der sezessionnistischen Befreiungstiger von Tamil Eelam aus Sri Lanka ermordet. Somit erreichte die Kongresspartei keine Mehrheit mehr, konnte aber unter Premierminister P.V. Narashmha Rao eine Minderheitenregierung bilden. Durch einige „Überläufer" gewannen sie im Laufe der Amtszeit eine Mehrheit. Mit dem Abriss 1992 der Moschee von Ayodhya, initiiert von Hindu-Fanatikern, musste die BJP einen Rückschlag einstecken, holte aber bald darauf wieder auf. Trotz der Niederlage Raos blieb der Kongress die stärkste Partei. Dennoch war sie nicht zur Koalition geneigt, da sie weder nach links oder rechts tendierte (vgl. Rothermund, 2007, o.S.). Nach Rao kam Vjpayee an die Macht, der das Land von der „Hindu rate of growth" in ein dynamisches Wachstum überführte. Zu aller Überraschung gewann die Partei 2004 wieder die Wahlen. Man bot Sonja Gandhi erneut das Amt des Ministerpräsidenten an. Sie lehnte ab und Manmohandas Singh (war unter Rao Finanzminister und Vater der indischen Wirtschaftsreform) wurde vereidigt und regiert bis heute (vgl. Vermeer/ Neumann, 2008, S. 42).

3 Kulturelle Einflussfaktoren und Probleme

3.1 Das Kastensystem

Die indische Gesellschaft bietet einen großen sozialen Raum an Differenziertheit, in welchem die Menschen verschiedener sozialer und ethnischer Gruppen zusammenleben. Sie sprechen verschiedene Dialekte bzw. Sprachen, ihre Überzeugungssysteme variieren, ihre Alltagspraktiken unterscheiden sich und sie sind meist einer religiösen Richtung angehörig. Um diese Vielfalt zu strukturieren und zu einem ganzen zusammenzuschließen wurde das Kastensystem eingeführt, welches ideologisch verwurzelt in den moralphilosophischen Ausführungen des Hinduismus verankert ist. Es gibt eine Fülle an Literatur, die ein ziemlich genaues Bild von dem Kastensystem zeichnet, welches sich zusammengefasst, wie folgt beschreiben lässt (Rothermund, 2005, S. 111).

„

1. Kasten sind sakraler Natur. Die soziale Ordnung ist Ausdruck der religiösen Ordnung und mit dieser untrennbar verbunden

2. Kasten sind geschlossene Gruppen. Mitgliedschaft erlangt man durch Geburt. Heirat ist nur innerhalb der eigenen Gruppe erlaubt (Endogamie)

3. Kasten sind Berufsgruppen. Der Beruf ist nicht frei wählbar, sondern wird vererbt.

4. Kasten sind strikt hierarchisch geordnet. Ordnungskriterium ist das religiös begründete Ideal der Reinheit. Entsprechend ihrer Berufe werden die Gruppen einer Reinheit-Unreinheit-Skala zugeordnet, wobei Brahmahnen, als „Priester" das Ideal der Reinheit par exellence verkörpernd, an der Spitze stehen, „Unberührbare oder „Kastenlose, qua Beruf (z.B. Straßenkehrer, Gerber) als „unrein" betrachtet werden, am Ende.

5. Die Kastenidee ist allumfassend und allgegenwärtig, durchdringt alle Bereiche der gesamten Gesellschaft und des täglichen Lebens. Die Gesamtheit der Kasten bildet eine organisches Ganzes. Jede Kaste ist immer das Ganze bezogen und erlangt Bedeutung und Funktion nur aus dem Ganzen (Holismus)." (Böck/ Rao in Rothermund, 2005, S. 111)

Die Zugehörigkeit einer Kaste bestimmt fast alles weitere im Leben – von der Schulbildung über den Ehepartner, den sozialen Status, den Beruf und schließlich auch die Beerdigung (vgl. Vermeer/ Neumann, 2008, S. 82).

3.1.1 Definition und Bedeutung

Der Begriff Kaste stammt nicht aus dem indischen sondern kommt von dem portugiesischen Wort „casto", was soviel wie „rein" oder „keusch" bedeutet und vom Lateinischen castus = „keusch" abzuleiten ist. Die Portugiesen, die ziemlich früh als Kolonialherren in Indien waren, versuchten das ihnen kulturfremde System der Abgrenzung und hierarchischen Anordnung von Gruppen, besonders in Bezug auf Heirat zu definieren bzw. zu benennen (vgl. Skoda, 2008, S. 28).

Man könnte den Begriff im Sinne Max Webers als „eine durch rituelle Kommensalitäts- und Konnubialschranken nach außen abgegrenzte, durch positive oder negative Privilegierung und durch ökonomische Sondergebarung nach innen zusammengeschlossene erhebliche Gemeinschaft innerhalb eines sozialen Gesamtverbandes" (Rothermund nach Schluchter, 2005, S. 112). Schwierig ist es jedoch diesen Begriff auf reale soziale Einheiten anzuwenden, bzw. auf die emischen[6] Konzepte varna und jati zu beziehen, die weiterführend genauer erklärt werden. Der Begriff wird von Indern oft auch benutzt, um die religiöse Zugehörigkeit zu betiteln, „Muslim", „Hindu", „Christ", „Sikh" usw. werden dann als „Kasten" definiert (vgl. Rothermund, 2005, S. 112).

„Varna" (Farbe), der ursprünglich indische Terminus bezeichnet eine Klassifikation, die auf Menschen, Tiere und Pflanzen zutrifft. Es geht hier im engeren Sinne um eine hierarchische Anordnung, die vorerst in vier Stände aufgeteilt ist:

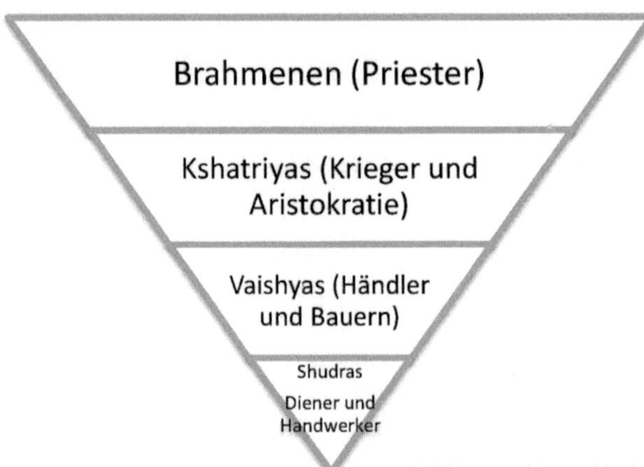

Abbildung 1: Hierarchie der Kasten

Quelle: (Eigene Darstellung Rothermund, 2005, S.112)

Diese Klassifizierung orientierte sich an den Körperteilen Brahmas[7]: Der Brahmane stellt seinen Mund dar, die Arme die Kshatriyas, die Schenkel di Vaishyas und die Füße die Shudras. Es existiert jedoch noch eine fünfte Gruppe, die Unberührbaren, sie kamen erst später hinzu und haben nicht einmal einen eigenen Namen bekommen. In der heutigen Zeit werden sie

---

[6] einheimischen

[7] ist der Name einer der Hauptgötter im Hinduismus

Dalits „Unterdrückte" genannt; es gibt ca. 150 Millionen Inder, die ihnen zugeordnet werden (vgl. Vermeer/ Neumann, 2008, S. 83).

Eine andere Kategorie stellt Jati dar. Als grundlegende Bedeutung für Jati wird meist „Geburt", „Ursprung" oder „Entstehung" benutzt. Manche Literatur verwendet das Wort auch im Sinne der Eigenschaften, die eine Klasse konstruieren. Demzufolge kann Jati jegliche Art von Lebewesen bezeichnen. Auf den Menschen bezogen, kann es die Zuordnung zu einem bestimmten Geschlecht oder einer spezifischen Verwandtschaftsgruppe bedeuten. Man kann das Wort aber auch als Differenz durch ethnische Herkunft, kulturelle Tradition, religiöse Zugehörigkeit oder ihren Beruf ansehen (vgl. Rothermund, 2005, S. 113). Heute ist Jati in ca. drei Tausend berufsspezifische Kasten unterteilt.

Eine Beziehung zwischen jati und varna besteht insofern, dass jede jati sich einer der vier varnas zuordnet. Der Status und die Anerkennung einer der vier varnas kann sich aber im Laufe der Zeit durch Prozesse sozialer Mobilität erhöhen oder angleichen, wenn Kasten einen sozialen Aufstieg erfahren. Jati hingegen ist meist lokal oder regional begrenzt (vgl. Skoda, 2008, S. 29).

Ein wichtiges Kriterium für die verschiedenen Kastenhierarchien ist die rituelle Reinheit. Der Brahmane ist am reinsten, ein Dalit am unreinsten. Wird eine bestimmte Berufsgruppe mit Körpersubstanzen oder gar dem Tod in Verbindung gebracht so zählen sie zu den besonders unreinen. Die Gemeinschaft der Kastenlosen wird vermieden, denn schon die Anwesenheit eines Dalits zählt als „Beschmutzung" eines Höherkastigen. Die Zugehörigkeit einer Kaste tritt sogar als Merkmal vor das Geschlecht (vgl. Vermeer/ Neumann, 2008, S. 84).

Die Briten modifizierten das Kastenwesen, indem sie eine hierarchische Systematik einführten, um möglichst alle Gruppen einzuordnen. Gandhi titulierte das indische Kastensystem als ungerecht und gegen den Geist der Freiheit und Gleichheit. Offiziell wurde das Kastensystem 1947 nach der Unabhängigkeit abgeschafft, doch informell ist es immer noch existent. Ein Paradoxon ist die in der indischen Verfassung von ´49 eingeführte Quotenregelung für die unterschiedlichen Kasten, da es sie ja offiziell nicht mehr gibt! Die Quotenregelung reservierte fünfzehn Prozent der Stellen im öffentlichen Dienst für die Unberührbaren. Seit den neunziger Jahren sind es sogar 27 Prozent aller Stellen die für die benachteiligten Kasten (backward castes) reserviert sind. Neben den backward castes existieren noch die scheduled tribes (Ureinwohner) und die schedules castes (die eigentlichen Unberührbaren). Mit dieser Definition werden fast die Hälfte der indischen Bevölkerung erfasst. Folglich kam es zu großen Protesten, da jetzt diejenigen diskriminiert wurden, die nicht zu einer der benachteiligten Kasten gehörte. Man hatte also einen beruflichen Vorteil, wenn man zu einer der unteren Kasten gehörte (vgl. Vermeer/ Neumann, 2008, S. 84).

Inwieweit die „positive" die lange Zeit der „negativen" Diskriminierung kompensieren kann und ob es nicht eher eine Konservierung alter Strukturen ist, bleibt abzuwarten. Zu befürchten ist, das mit dieser Politik genau das wiederbelebt und verstärkt wird, was „eigentlich" im modernen Indien als abgeschafft galt. Denken die Inder immer noch in Kasten? Ist es möglich die soziale hierarchische Struktur, die in den Wurzeln des Hinduismus verankert und durch europäische Kolonialherren modifiziert wurde aus den Köpfen zu kriegen? Obwohl die Bildungselite behauptet Kasten seien im urbanen Raum nicht mehr existent, vielleicht auf dem Lande, so ist es ein Faktum, dass in den Zeitungen die Heiratsanzeigen immer noch nach Kastenzugehörigkeit geordnet sind. Oft kommt es auch noch vor, die Kaste in Einstellungsbögen von Unternehmen abgefragt wird oder das die Kaste eben über die Einstellung entscheidet (vgl. Vermeer/ Neumann, 2008, S. 84).

3.2 Der Kaschmirkonflikt

3.2.1 Die momentane Situation

Der Streit zwischen Pakistan und Indien über die Kaschmirregion existiert schon seit 1947. Die Ursache der drei von insgesamt vier Kriegen (1947/48, 1965, 1971, 1999) war die Auseinandersetzung über das frühere Königreich. Dieser Streit war aber auch Auslöser für unzählige bewaffnete Zwischenfälle und bilaterale Krisen, zuletzt im November 2008. Die 1998 stattgefundenen Atomtests verschärften die Lage nochmals und gaben dem Konflikt die Möglichkeit einer nuklearen Eskalation. US-Präsident Clinton bezeichnete Südasien und die Kaschmirregion nicht zu Unrecht als „gefährlichsten Platz der Welt" (vgl. Wagner, 2008, S. 42). Die Anschläge in Indien im November 2008 haben die Friedensgespräche zwischen Indien und Pakistan über den Kaschmirkonflikt ins Stocken gebracht. Die Attentäter terrorisierten drei Tage lang die Stadt Mumbai und töteten 170 Inder und etliche Ausländer. Indien wirft Pakistan vor nicht genug gegen terroristische Aktivitäten und islamisch radikale Vereinigungen zu unternehmen. 2002 schien die Auseinandersetzung aus den Fugen zu geraten und die Angst vor einem nuklearen Waffenkrieg stieg. Die internationale Gemeinschaft, besonders die USA intervenierten und hielten beide Parteien von kriegerischen Maßnahmen zurück. 2003 beruhigte sich die Lage und beide Länder nahmen die Friedensgespräche wieder auf. Die rigiden Meinungen beider Parteien führte jedoch zu keiner Lösung. Seit Beginn der 1990er gehören Anschläge zum Alltag (vgl. Schubert/ Rösel, 2010, o.S.).

3.2.2 Entstehung des Konflikts

Die Ursprünge des Konflikts sind vielseitig und gehen bis auf den Rückzug der britischen Kolonialmacht im Jahre 1947 zurück. Kurz nach der Unabhängigkeit beider Staaten erhoben sie den Anspruch auf den Fürstenstaat Jammu und Kaschmir. Pakistan, als Mutterland der südasiatischen Muslime argumentierte, dass ein mehrheitlich muslimisch bevölkerter Staat, der an Pakistan grenze, müsse unweigerlich zu Pakistan gehören. Indien begründete seinen Anspruch damit, dass gerade ein Staat mit muslimischer Mehrheit in einem säkularen politischen Systems, wie in Indien, aufblühen würde (vgl. Ganguly, 2008, S.32). Alle Staaten die zu Britisch Indien gehörten wurden in einem Verwaltungsakt Indien und Pakistan zugeteilt. Die Fürstentümer hatten die freie Wahl sich einem Staat anzuschließen oder unabhängig zu werden – eine eher unrealistische Lösung. In Kaschmir kamen Probleme auf, da dort ein hinduistischer Maharaja über eine Muslim-Mehrheit herrschte. Kaschmir zögerte und ist zu keinem Konsens gekommen. Außerdem sorgte es sich über pakistanische Übergriffe und bat Indien um Hilfe. Indien aber forderte zunächst den Anschluss. Wenig später marschierten pakistanische und indische Truppen in Kaschmir ein. Anstatt diese prekäre Lage zu lösen, vertagte Nehru das Kaschmirproblem und dachte an eine spätere Volksabstimmung. Mehr als sechzig Jahre, viele Kriege, unzählige terroristische und radikale religiöse Gewaltakte später stehen sich immer noch indische und pakistanische Truppen gegenüber (vgl. Vermeer/ Neumann, 2008, S. 39).

3.2.3 Ausblick: Die Zukunftsperspektiven

Gibt es eine Lösung in diesem langwierigen offenbar unlösbaren Konflikt? Nach dem Krieg im Jahre 1971 und der Staatsgründung Bangladeschs, stand Pakistan kurz davor den Anspruch auf die Kaschmirregion aufzugeben. Doch der Aufstand in Kaschmir 1989 entfachte erneut die Intention diese Region von Indien abzuspalten. Seitdem wurden die Aufständischen vermehrt von zivilen, als auch von militärischen Regimen unterstützt, das Land aus den indischen Besitzansprüchen zu befreien. Trotz dieser Anstrengungen ist Pakistan seinem Ziel, Kaschmir aus der indischen Hand zu befreien, nicht näher gekommen (vgl. Ganguly, 2008, S.37).

Seit 2007 sind die Beziehungen zwischen Indien und Pakistan so gut wie nie. Maßgeblichen Einfluss auf diese Annäherung der zwischenstaatlichen Beziehungen hat der Verbunddialog aus dem Jahre 2004, der auch eine Ausweitung der wirtschaftlichen Beziehungen und neue Reismöglichkeiten eröffnet hat. Auch auf subnationaler Ebene sind neue Kommunikationskanäle zwischen beiden Staaten entstanden. Hervorzuheben sind auch die schwächeren Kontrollen in der Kaschmirregion, die erstmal einen Personen- und Warenverkehr zulassen. Außerdem wurde im Februar 2006 eine neue Zugverbindung zwischen dem indischen Bundesstaat Rajasthan und der pakistanischen Provinz Sindh implementiert (vgl. Wagner, 2008, S. 42).

„Angesichts Indiens starker Abneigung gegenüber territorialen Konzessionen und Pakistans unbeugsamen Wunsch, den verbleibenden Teil Kaschmirs von Indien zu erhalten, stellt sich die Frage, wie dieser Konflikt schließlich gelöst werden kann." (Ganguly, 2008, S.32). Bildungseliten und politische Beobachter unterbreiten ein Menge an einfallsreichen Ideen zur Lösung dieses Konflikts. Doch sie alle bestehen die politische Gangbarkeit nicht, weil die starren Einstellungen beider Staaten es sehr schwierig machen. Jede Form der Schlichtung wird daher ohne territoriale Zugeständnisse Indiens auskommen müssen (vgl. Ganguly, 2008, S.32).

3.2.4 Aktuelle Verhandlungen

Am Donnerstag den 25 Februar 2010 sind die offiziellen Gespräche zwischen den Außenamts-Staatssekretären Indien und Pakistans losgegangen. Es sollen die Weichen für die Wiederaufnahme des im November 2008 abgebrochenen Friedensdialogs weitergehen. Die indische Staatsekretärin fordert Pakistan auf die angeblichen Drahtzieher, die für das Massaker vom 26. November 2008 in Mumbai verantwortlich sind festzunehmen. Sie gehören angeblich der Extremistengruppe Lashkar-e-Taiba an. Für die pakistanische Staatssekretärin Salman Bashir stand der seit rund 60 Jahren prekäre Kaschmirkonflikt im Vordergrund. Die Absichten schienen gut, doch schon dieser kleine Schritt in Richtung Friedensdialog erzeugte ein tödliches Sperrfeuer. Zehn Tage vor dem Treffen kam es in der südwestlichen Großstadt Pune zu einem Sprengstoffanschlag auf ein Restaurant, der vierzehn Menschen das Leben kostete. Dieser Anschlag wird von beiden Seiten als Botschaft gegen das Treffen gedeutet. Zusätzlich kam es am Mittwoch den 24 Februar am Südabschnitt des Grenzgebietes zu einem Feuergefecht von der pakistanischen Seite. Auch den Hindufundamentalisten scheint das Treffen nicht zu passen (vgl. vgl. Hilmar, 2010, o.S.). „So scheint es, dass noch viel Wasser den Ganges und den Indus hinab fließen wird, ehe sich die beiden Nachbarn aussöhnen. Immerhin beginnt jeder lange Marsch mit einem winzigen ersten Schritt" (vgl. Hilmar, 2010, o.S.).

3.3 Armut

3.3.1 Einleitung

Am Vorabend des Unabhängigkeitstages prophezeite der indische Premierminister Jawaharlal Nehru, dass der Augenblick gekommen sei, das Land „von Armut, Krankheit und Notdurft (...) zu befreien, nicht vollständig, aber doch in großen Maß." (vgl. Imhasly, 2008, S. 11). Hat sich diese Prophezeiung bewahrheitet? Sechzig Jahre nach dem Versprechen ist ein guter Zeitpunkt um zu prüfen, ob sich etwas an der Armut im Land verändert bzw. verbessert hat. Je nach Perspektive und Maßstab können die Antworten hierauf sehr unterschiedliche ausfallen. Aus wirtschafts-historischer Sicht mit einer Referenzperiode von hundert Jahren, sind die Fortschritte erstaunlich. Das durchschnittliche Jahreswachstum, welches in der letzen Periode der Kolonialherrschaft bei 0,79 Prozent lag, stieg in der zweiten Hälfte um das Fünffache an. Obwohl die Bevölkerung um das dreieinhalb-fache gewachsen ist, ist das Volksvermögen in realen Zahlen um das Zehnfache angestiegen. Zusätzlich verfügt das heterogene Indien unter den Entwicklungsländern das stabilste politische System (vgl. Imhasly, 2008, S. 13). In den 1990er Jahren hat sich die Entwicklungsdynamik nochmals beschleunigt. Einige Beobachter behaupten Indien, dass sich Indien in den letzten fünf Jahren stärker veränderte hat als in den fünfzig Jahren davor. Das pro Kopf Einkommen hat sich fast verdoppelt, das Investitionsvolumina ist von 27 auf 34 Prozent gestiegen und die Armut sei um ein Drittel gesunken. Drastisch gesehen hat die wirtschaftliche Entwicklung mehr für die Armutsbekämpfung getan, als Entwicklungshilfe der Regierung und internationaler Hilfegemeinschaften zusammen (vgl. Imhasly, 2008, S. 13).

3.3.2 Armut und Verteilung

Verglichen mit europäischen Standards herrscht in Indien eine weit verbreitete krasse Armut und ein starkes Ungleichgewicht der Lebenschancen. Überquellende Slums, Horden von Bettlern und gleichzeitig zur Schau gestellter Luxus der Oberschicht ist in Indien an der Tagesordnung. Eine weit verbreitete Meinung ist, das der Staat kein Interesse an der Änderung dieses Zustandes hat und das sich die Armut durch die wirtschaftliche Liberalisierung noch verschlimmert hat. Diese Behauptungen sind trivialer Natur und müssen differenzierter betrachtet werden (vgl. Betz, 2007, o.S.). Indien hat ein Rekord-Bruttosozialprodukt von einer Billion Dollar erreicht und gehört damit zu dem zwölften Land der Welt, das diese Marke übersprungen hat. Jedoch darf man nicht vergessen, dass in Indien 1,2 Milliarden Menschen leben und sich somit ein durchschnittliches Jahreseinkommen von rund 833 US-Dollar ergibt. Somit zählt das Land laut Weltbank nicht mehr zu den ärmsten Ländern der Welt. Prognosen sagen voraus, das Indien in fünfzig Jahren hinter China und den USA an dritter Stelle der weltgrößten Volkswirtschaften stehen wird. Dies Studien gingen von einem jährlichen Wachstum von 6 Prozent aus - Indien ist seitdem aber mit 8,5 Prozent gewaschen und wird dem zu Folge (bei gleichbleibenden oder stärkeren Wachstum) die USA überholen und sich den zweiten Platz sichern. Die Marktkapitalisierung liegt mit 1800 Milliarden US-Dollar über ihrem Sozialprodukt. Die Auslandsinvestitionen haben sich von 150 Millionen auf 15 Milliarden US-Dollar verhundertfacht (vgl. Imhasly, 2008, S. 14).

Statistiken können einen gewaltig in die Irre führen. Das Wirtschaftsmagazin Forbes schätze im März 2008 die Zahl der indischen Milliardäre auf 54 mit einem Gesamtvermögen von knapp 250 Milliarden US-Dollar. Das bedeutet das ca. ein Fünftel des Volksvermögens auf eine kleine Minderheit fällt. Verteilt man jetzt den Rest des Kuchens auf die Gesamtbevölkerung minus 54 Menschen, ergibt sich nur noch ein pro Kopf Einkommen von rund 600 US-Dollar pro, womit Indien wieder in die Kategorie der ärmsten Länder der Erde fällt (vgl. Imhasly, 2008, S. 14). Armut und extreme Armut hat also in I

ndien immer noch einen Massencharakter. Dennoch muss man sagen, dass die Zahl der absolut Armen in Indien seit den 1970er Jahren rückläufig ist. Dieser Rückgang wäre wahrscheinlich beschleunigt worden, hätte man in das Wirtschaftswachstum auch die weniger dynamischen Unionstaaten im Zentrum und die Landwirtschaft mit einbezogen und mehr Beschäftigung geschaffen. 70 Prozent der armen Bevölkerung leben auf dem Land und sind Landarbeiter sowie Kleinbauern mit sehr geringen Betriebsgrößen. Oft wird angenommen, dass Armutsfamilien in den Städten unter sehr hoher Arbeitslosigkeit leiden; die Wirklichkeit zeigt jedoch, dass überproportional viel Familienmitglieder einer Beschäftigung nachgehen, dabei aber in unproduktiven Bereichen, die nur einen sehr geringen Lohn versprechen lassen (vgl. Betz, 2007, o.S.). Die NSSO berechnete dass Inder mit einem durchschnittlichen Tageseinkommen von zwölf Rupien bzw. 1,3 US-Dollar. Der prominente indische Ökonom Segupta kommt zu dem Schluss, dass sich diese Marke seit den Wirtschaftsreformen positiv verschoben hat. 1993 fielen noch 31 Prozent der Bevölkerung unter diese Grenze und zehn Jahre später waren es nur noch 22 Prozent. Das würde bedeuten das neun Prozent aus dem Armutsgefälle entkommen sind, und ca. 80 Prozent eine gesicherte Existenz haben. Laut Sengupta ist dies jedoch eine statistische Täuschung, die Politiker gerne benutzen im Auslandsinvestoren anzulocken. Solch eine Statistik ist nur möglich, da die Armutsgrenze so extrem tief angesetzt wird. Die nächsten Einkommenskategorien, die von der NSSO als „marginal" und „gefährdet" eingestuft sind, sind nicht gesunken, sondern von 51 Prozent auf 54 gestiegen. Diese „marginale" Einkommensgruppe verdient 15 Rupien und die „gefährdete" 20 Rupien. Damit ergibt sich ein Einkommen von weniger als zwei US-Dollar am Tag, was dem internationalen Grenzwert zur Feststellung von lebensgefährdender Armut entspricht (vgl. Imhasly, 2008, S. 15)! Summiert man die 22 Prozent, die mit einem Tageseinkommen von 1,3 US-Dollar pro Tag leben und die 54 Prozent die mit knapp weniger als zwei US-Dollar leben müssen, kommt man auf 76 Prozent – diese haben also bestenfalls ein Einkommen, welches Ihnen höchstens eine menschenunwürdige Existenz zugesteht. 836 Millionen Menschen in leben also unter oder genau an der Armutsgrenze.

Solange Indien nicht fähig ist auch die ärmere Bevölkerung an dem wirtschaftlichen Boom zu beteiligen und sie mit ans Board zu nehmen, wird es seine globale Machtrolle nicht einnehmen können, die von vielen Beobachtern vorausgesagt wird. Sie werden wahrscheinlich immer mehr Güter, Dienstleistungen und globale Unternehmen produzieren, doch gleichzeitig wird Kluft zwischen Arm und Reich nur langsam abnehmen und es werden weiterhin zwei Millionen Kinder nicht das Alter von fünf Jahren überschreiten. „Nobelpreisträgerin Amartya Sen hat kürzlich gesagt, es gehe nicht an, dass sich Indien zu einer Gesellschaft entwickelt, in der ein Teil Kalifornien sei und der andere Schwarzafrika. Solange das Land diesen Wiederspruch nicht abgemildert hat, wird man sich weiterhin für Indien fürchten müssen – und nicht vor ihm." (vgl. Imhasly, 2008, S. 18)

4   Indien heute – Weltwirtschaftsmacht?

In diesem Kapitel der Arbeit wird die Wirtschaft Indiens betrachtet. Einführend werden zunächst die Entwicklungsstufen – vor allem die Zeit der britischen Kolonialherren – erläutert, um dann die heutige wirtschaftliche Situation besser zu verstehen und eventuelle Entwicklungsrückstände deuten zu können.

4.1 Wirtschaftliche Entwicklung

Die zweihundert jährige britische Kolonialherrschaft haben die indische Wirtschaft signifikant geprägt. Das bezieht sich sowohl auf den institutionellen Rahmen als auch auf die Strukturbedingungen des industriellen und landwirtschaftlichen Wachstums. Das Erbe der britischen Eroberer bleibt bis heute von großer Bedeutung. Unter normalen Umständen hätte die Kolonisierung durch eine der führenden Handelsnationen Europas eine schnelle Integration auf den Weltmarkt und ein dementsprechend hohes Wirtschaftswachstum bedeuten können, stattdessen entwickelte sich eine parasitäre Symbiose. „Der britische David streckte den indischen Goliath nieder und nutzte die Ressourcen des betäubten Riesen" (Rothermund, 2005, S. 485). Die Briten nutzen den gewaltigen Subkontinent für die Produktion von Rohstoffen und als Markt, um ihre Waren zu verkaufen. Indische Produzenten wurden mit Hilfe von administrativen Mitteln vom Markt verdrängt. So wurde z.B. systematisch die aufstrebende indische Textilindustrie ruiniert, während die Produktion von Stoffen und Halbfertigprodukten für die britischen Wettbewerber gefördert wurde. Andererseits duldeten sie Kleinhändler und Unternehmer, in von ihnen nicht besetzten Nischen. Die Inder wurden von den Briten als Steuerzahler geschätzt und finanzierten sich so ihr koloniales Abenteuer (vgl. Müller/ Rauch, 2008, S. 7).

Im 19. Jahrhundert wandelte sich Indien zu einem abhängigen Agrarland, das Indigo, Opium, Rohbaumwolle, Jute, Reis und Weizen zu billigsten Preisen verkaufte. Die erzielten Gewinne flossen meist in die Hände der britischen Handelshäuser. Britische Kapital wurde so gut wie gar nicht in Indien investiert. Die indische Eisenbahn, deren Streckennetz gegen Ende der zweiten Hälfte des 19. Jahrhunderts so zügig ausgebaut wurde, dass das Frachtaufkommen mit dieser Entwicklung nicht Schritt halten konnte, bildet die Ausnahme (vgl. Rothermund,

2005, S. 486). Das Desinteresse der Briten, an dem Ausbau der indischen Landwirtschaft (die immer noch die meisten Arbeitsplätze stellt), wirkt noch bis heute nach. Interesse hatte man nur an den Steuern, die die Landwirtschaft hervorbrachte. Der erste indische Premierminister Jawaharlal Nehru initiierte eine Landreform, in der die traditionellen Großgrundbesitzer gegen eine Entschädigung einen kleinen Teil ihres Landes an ärmere Bauern abgeben mussten. Durch diese Reform wurden einige Bauern von einer geradezu feudalen Abhängigkeit des Landadels befreit. Gestärkt wurden jedoch nicht die landlosen, armen und kleinen Bauern, sondern die bäuerliche Mittelschicht, die eine starke Klientel der Kongresspartei bildeten (vgl. Müller/ Rauch, 2008, S. 8).

Einige Führer der Unabhängigkeitsbewegung – speziell indische Unternehmer – machten sich schon früh Gedanken welche Form Staat und Wirtschaft nach der Unabhängigkeit haben sollte. Sie zielten auf eine politische als auch auf eine wirtschaftliche Unabhängigkeit. Noch vor dem Ausbruch des zweiten Weltkrieges wurden in Indien Pläne für den Wiederaufbau der Wirtschaft geschmiedet. Ein Vorbild für viele – auch für den Premierminister Nehru – war die Sowjetunion. Das planwirtschaftliche Modell erschien nach dem zweiten Weltkrieg umso attraktiver, da die Sowjetunion in den Kreis der Supermächte aufstieg. Da Nehru ein überzeugter Demokrat war, wollte er keine sozialistische Ordnung, aber erkannte den Nutzen einer Bündelung der nationalen Ressourcen und einer zentralen Steuerung. Leider übersah er das Russland (als auch China) bereits vor dem Krieg über eine industrielle Basis verfügten (vgl. Zingel, 2007, o.S.). Im ersten Fünfjahresplan Nehrus wurden die Schlüsselindustrien verstaatlicht und der Schwerpunkt staatlicher Industrien wurde auf Grundstoff- und Schwerindustrien gelegt, die die Grundlage für einen Entwicklungsweg, unabhängig vom Weltmarkt legen sollte. Im Gegensatz zum Ostblock räumte man der privaten Industrie, vor allem den Kleinunternehmern, einen größeren Freiraum ein, gleichzeitig wurden die Entfaltungsmöglichkeiten durch staatliche Regulierungen und Kontrollen gebremst. Die Panwirtschaft und die vielen bürokratischen Interventionen hemmten das enorme wirtschaftliche Potential Indiens. Die Unabhängigkeit vom Weltmarkt und der Schutz der einheimischen Industrie wurde durch eine Zollpolitik, die nahezu alle Importe mit einer sehr hohen Steuer belegte, fast erreicht. So ist heute die Fülle an Industriegütern, die in Indien hergestellt werden, ziemlich hoch. Sie produzieren Autos, Kühlschränke, Computer, Flugzeuge, Satelliten, aber auch Panzer und Raketen her (Köppinger, 2002, o.S.). Dieser Industrialisierungskurs Nehrus wurde im dritten Fünfjahresplan (1961/1962 – 1965/66) weitergeführt. Da in den

Jahren '65 und '66 zwei aufeinanderfolgende Dürreperioden das Land heimsuchten, in dessen Folge die Nahrungsmittelproduktion um zwanzig Prozent zurückging, konnte der vierte Fünfjahresplan erst 1969 beginnen. Durch die starke Förderung der Industrie wurde die Landwirtschaft vernachlässigt, was zu einer Rationalisierung der Grundnahrungsmittel führte, die wiederum einen Anstieg der Preise verursachte. Als Reaktion reduzierten die Haushalte ihre Nachfrage nach Industriegütern, was schließlich in einer Wirtschaftskriese endete. Die Konsequenzen daraus wurden im vierten Fünfjahresplan aufgestellt. Es wurden die Investitionen im Industriesektor gekürzt und für die Landwirtschaft und Bewässerung erhöht. Die darauffolgenden Fünfjahrespläne beinhalteten keine Änderungen in den sektoralen Investitionen. Eine grundlegende Änderung folgte im Jahr 1980; Man hat eingesehen, dass durch eine stärkere Förderung von Energie, sich die Industrie und die Landwirtschaft wesentlich schneller und besser entwickeln (vgl. Jansen, 2003, S. 4).

Mitte der 1980er Jahre veranlasste Premierminister Rajiv Gandhi eine Abkehr vom quasi-sozialistischen Wirtschaftssystem. Angetrieben wurde diese Kehrtwende durch die erfolgreichen Wirtschaftsreformen anderer asiatischer Staaten und das Aufkommen einer Konsumfreude der Mittelschicht, die durch heimische Produktion nicht bedient werden konnte. Die Reformen führten zu steigenden Wachstumsraten und Exporterlösen einerseits, anderseits aber auch zu einer drastischen Verschuldung (durch die ebenfalls ansteigenden Importe). Durch die gestiegenen Ölpreise (in Folge des zweiten Golfkrieges 1990/91) und die Auflösung der Sowjetunion und des Rates für Gegenseitige Wirtschaftshilfe (zuvor Indiens wichtigster Handelspartner) wurde die Krise verstärkt. Als Indien dann im Juni 1991 kurz vor der Zahlungsunfähigkeit stand und Kredite aufnehmen musste, handelte die Kongressregierung, brach ihren traditionellen Kurs versuchte das Ruder der Wirtschaftspolitik rumzureißen (vgl. Müller/ Rauch, 2008, S. 8-9). Hier ein kurzer Überblick über die seit 1991 eingeführten Reformen: Die indische Rupie wurde abgewertet und langsam konvertierbar gemacht. Das Genehmigungssystem für Importe wurde abgeschafft, Zölle wurden stark gesenkt. Für die Industrie wurde das Lizenzsystem gelockert und Beschränkungen aufgeweicht. Damalige monopolistische Wirtschaftszweige des öffentlichen Sektors, wurden für Privatunternehmen geöffnet. Es wurden „Sonderwirtschaftszonen" nach chinesischen Vorbild geschaffen, die mit günstigen Investitionsbedingungen Unternehmen anlocken sollen. Um das zerrüttete, komplizierte und überbürokratisierte Steuersystem, welches wirtschaftliche Disparitäten verstärkte, den Fiskus benachteiligte, und somit zum Haushaltdefizit beigetragen hat, wurde in der Mehrheit der indischen Bundestaaten 2005 die Mehrwertsteuer eingeführt, als Mittel das bestehende System zu revolutionieren (vgl. Müller/ Rauch, 2008, S. 9).

„Die Effekte der wirtschaftlichen Reformen seit 1991 sind, gemessen an deren begrenzter Tiefe, phänomenal" (Betz, 2008, S. 65). In den 90ern lagen die Wachstumsraten nach einem stabilisierungsbedingten Einbruch noch bei durchschnittlich sechs Prozent, so sind sie von 2003 bis 2006 auf über acht Prozent und im Haushaltsjahr 06/07 auf sogar 9,4 Prozent gestiegen (vgl. Betz, 2008, S. 65).

4.2 Ausblick – zukünftige Entwicklungen

Indien befindet sich auf dem Weg in eine soziale Marktwirtschaft. Die angefangenen Reformen werden von der im Mai 2004 gewählten Regierung weitergeführt. Außerdem wird sich speziell auf eine Verbesserung der Infrastruktur sowie Investitionen im Gesundheits- und Bildungsbereich konzentriert.

„Obwohl die indische Wirtschaft in Teilbereichen, wie der Pharmazie, und die indische Forschung etwa in Raumfahrt oder Biotechnologie, in die internationale Spitzenklasse aufgestiegen ist, hat das allgemein gute Wirtschaftswachstum der vergangenen fünfzehn Jahre das Land nicht aus der Gruppe der Entwicklungsländer herausgebracht" (http://www.handelsblatt.com/unternehmen/aussenwirtschaft/indiens-bedeutung-waechst;1137334). Belastend kommt hinzu, dass ein Viertel aller Inder Analphabeten sind. Zwei Drittel aller Menschen in Indien leben zum Teil unter mittelalterlichen Bedingungen auf dem Land. Die Bevölkerung wächst mit durchschnittlichen zwei Prozent. Positiv anzumerken sind, dass ein Drittel de Staatangehörigen unter fünfzehn Jahren sind und nur fünf Prozent über 65 Jahre (vgl. http://www.handelsblatt.com/unternehmen/aussenwirtschaft/indiens-bedeutung-waechst;1137334). Hinzu kommen noch andere Wachstumsstärkende Faktoren, die hier kurz aufgezählt sein wollen:

- Im Gegensatz zu seinen Konkurrenten (wie z.B. China) verfügt Indien über ein bis 2040 anwachsendes Arbeitskräfte Reservoir. Hierdurch werden sich die Lohnsteigerungen im Rahmen halten und außerdem auch die Ersparnis im Land günstig beeinflusst werden

- Dadurch wird die volkswirtschaftliche Investitionsquote weiter gesteigert, die bisher unter der Chinas und den Tigerstaaten[8] lag. Wenn nachhaltig hohe Wachstumsraten erzeugt werden wollen, müssen die Investitionen in die Infrastruktur nochmals erhöht werden

- Im Vergleich zu anderen Entwicklungsländern, ist die Migrationsrate vom Land in die Stadt wesentlich niedriger. Die Produktivität auf dem Land macht nur ca. ein Viertel im Vergleich zu den anderen Bereichen aus, somit führt eine Migration zu einer weiteren Wachstumsreserve.

- Auch die stabilen demokratischen Strukturen und Institutionen, die als positiver Wettbewerbsfaktor gelten, dürfen nicht vergessen werden. Indien liegt bezogen auf die bürgerliche und politische Freiheit weit über vergleichbaren Entwicklungsländern (vgl. Betz, 2008, S. 74).

All diese Faktoren lassen Indien vermutlich zu eines der größten Volkswirtschaften der aufsteigen.

5 Resümee

Indien wurde stark durch die vielen Kolonialherrscher und Eroberer zu dem Land geformt, dass es jetzt ist. Angefangen von der Aufkommen verschiedener Religionen, der Einführung des Kastensystems, die Kaschmirproblematik, die verschiedenen Stämme und Dialekte und die Diskrepanzen von Land zu Stadt. Außerdem wurden sie signifikant an ihrer Entwicklung, besonders durch die Britische Herrschaft, behindert. Wirtschaftliche und politische Unterdrückung haben eine autonome Entfaltung der eigentlichen Potenziale eine lange Zeit verhindert. Auch wenn die britische Krone zum Großteil hemmend auf Indien gewirkt hat, hat sie z.B. ein hervorragendes Eisenbahnnetz und gut ausgebaute Verwaltungsstrukturen hinterlassen. Desweiteren verdanken sie den Briten ihre demokratische Struktur.

Gestärkt und mit neuem Bewusstsein tritt Indien heute auf. Es bringt hervorragende Wachstumsraten hervor und zeichnet bzw. unterscheidet sich durch sein stabiles politisches System zu anderen vergleichbaren Staaten. Jedoch gibt es einige Konflikt im Landesinneren, an dem Indien arbeiten muss. Ein erneuter Krieg mit Pakistan wäre für Indien genauso verhee-

---

[8] wirtschaftlich schnell entwickelnden Staaten wie Südkorea, Taiwan und Singapur sowie Hongkong

rend wie ein Bürgerkrieg der Religionen oder eine politische Revolte. Indien muss das Kaschmirproblem in den Griff kriegen und einen vernünftigen Konsens mit Pakistan aushandeln. Ob Indien diese Probleme in den Griff kriegen wird bleibt abzuwarten. Oft wird Indien in Zusammenhang mit „Supermacht" oder „Wirtschaftsmacht" gleichgesetzt. Kann Indien eine Supermacht werden und global intervenieren? Hierzu fehlt es im Moment noch an innerer Stabilität mit zu großem religiösen Konfliktpotenzial, einen sozialen Gleichheit (also die Abschaffung des Kastensystems) und vor allem mangelt es Indien an sicheren Grenzen um sich gegen seine aufstrebenden Nachbarn zu sichern. Fest steht Indien hat sich zu einer Wirtschaftsmacht entwickelt und holt langsam seine Entwicklungsrückstände auf.

Literaturverzeichnis- und Quellenverzeichnis

Buchquellen:

Betz, Joachim (2008): Weltwirtschaftsmacht Indien? Fördernde und hemmende Faktoren nachhaltiger wirtschaftlicher Dynamisierung. In: Woyke, Wichard (2008a): politische bildung. Beiträge zur wissenschaftlichen Grundlegung und zur Unterrichtspraxis: Indien. Schwalbach: WOCHENSCHAU VERLAG. S. 60-76

Betz, Joachim (2007): Informationen zur politischen Bildung. Indien. URL: http://www.bpb.de/publikationen/BAJSB0,1,0,Gesellschaftliche_Strukturen.html#art1 (Stand: 28.03.2010)

Imbasly, Bernhard (2008): Ein reiches Land mit armen Menschen. In: bpb (2008a): Aus Politik und Zeitgeschichte 2008. Indien. 22/2008, S. 13-19

König, Hilmar (2010): Winziger erster Schritt zum Dialog. URL: http://www.uni-kassel.de/fb5/frieden/regionen/Indien/pakistan8.html

Köpping, Mahesh Michael (2002): Indiens wirtschaftliche Entwicklung seit der Unabhängigkeit bis heute. URL: http://business.indian-network.de/artikel/wirtschaft-indien.htm, Stand: 28.03.2010

Mann, Michael (2007): Die Teilung Britisch-Indiens 1947. Blutiger Weg in die Unabhängigkeit. Bpb. URL: http://www.bpb.de/themen/4OJUFG,0,Die_Teilung_BritischIndiens_1947.html, Stand: 28.03.2010

Müller, Oliver (2007): Wirtschaftsmacht Indien. Chance und Herausforderung für uns. München: Carl Hanser Verlag

Müller, Harald/ Rauch, Carsten (2008): Indiens Weg zur Wirtschaftsmacht. In bpb (2008a): Aus Politik und Zeitgeschichte 2008. Indien. 22/2008, S. 7-13

Piepenbrink, Johannes (2008): Editorial. In: bpb (2008a): Aus Politik und Zeitgeschichte 2008. Indien. 22/2008, S. 2

Rothermund, Dietmar (1995): Indien. Kultur, Geschichte, Politik, Wirtschat, Umwelt. Ein Handbuch. München: C.H. Beck

Schubert, Katja/ Rösel, Jakob (2010): Kaschmir. Bpb. URL: http://www.bpb.de/themen/LKG7XK,0,0,Kaschmir.html

Skoda, Uwe (2008): Kaste, das Kastensystem und die Scheduled Castes. In: Woyke, Wichard (2008a): politische bildung. Beiträge zur wissenschaftlichen Grundlegung und zur Unterrichtspraxis: Indien. Schwalbach: WOCHENSCHAU VERLAG. S. 27-41

Stang, Friedrich (2002): Indien. Darmstadt: Wissenschaftliche Buchgesellschaft

Vermeer, Manuel/ Neumann, Clas (2008): Praxishandbuch Indien. Wie Sie Ihr Indiengeschäft mangen. Kultur verstehen, Mitarbeiter führen, Verhandlungen gestalten. Wiesbaden: Gabler Verlag

Wagner, Christian (2008): Der Kaschmirkonflikt. In: Woyke, Wichard (2008a): politische bildung. Beiträge zur wissenschaftlichen Grundlegung und zur Unterrichtspraxis: Indien. Schwalbach: WOCHENSCHAU VERLAG. S. 42-59

Wamser, Johannes (2005): Standort Indien. Münster: Lit Verlag

Zingel, Wolfgang-Peter (2007): Wirtschaftssystem und wirtschaftliche Entwicklung in Indien. In bpb (2007a): „Dossier. Indien". Bonn, URL: http://www.bpb.de/themen/9HJ43A,0,0,Wirtschaftssystem_und_wirtschaftliche_Entwicklung_in_Indien.html, 29.03.20107